AF296383

ACTES ET CHOSES MEMORA-BLES SVRVENVES AV

siege posé deuant la ville de Nyort,
par Monsieur le Comte du Lude,
le lundi vingtiesme iour de Iuin,
Mil cinq cens soixanteneuf.

A LA ROCHELLE,
De l'Imprimerie de Barthelemy Berton.

M. D. LXIX.

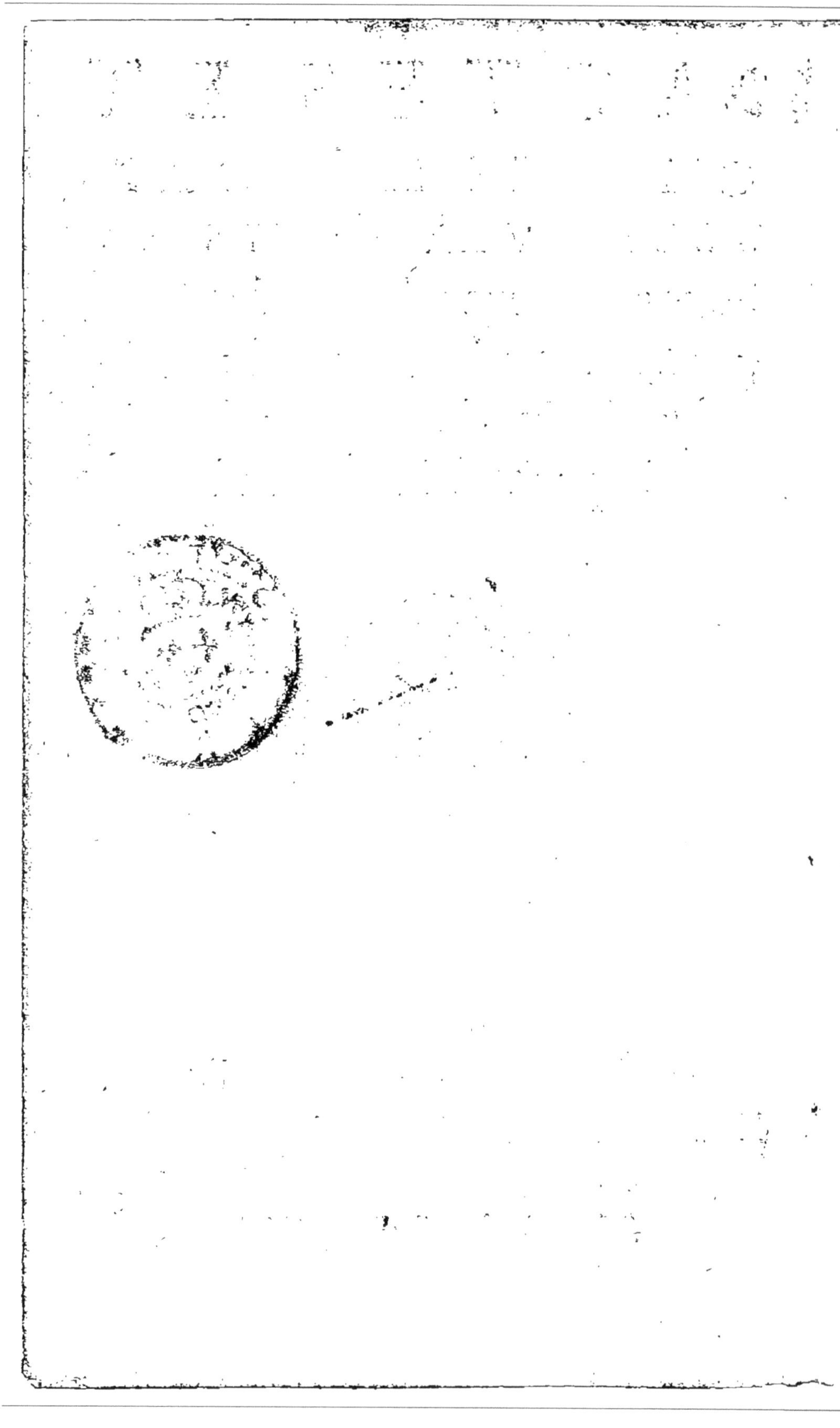

A Monſieur de Breſſault, Gentil-
homme d'Anjou, & capitaine valeureux & magnanime en l'armee de meſſeigneurs les Princes,
I. M. M.   Salut.

Onſieur, iaçoit qu'il aduienne le
plus ſouuent par vne trop grande
inclination de noſtre nature au
mal, que les maladies entre les hommes ſe trouuent pluſtoſt hereditai-
res que les vertus: ſi eſt-ce que la
cognoiſſance de ce grand Dieu nous eſclairant le
moins du monde, il ne ſe peut faire que nous ne ſoyês
pouſſez & acheminez à ſuiure la trace & le ſen-
tier des perſonnages bons & vertueux. Ce propos
que i'entame, eſt, pour vous faire entendre, que l'affection que pluſieurs ſeruiteurs de Dieu ont eu cy
deuant de s'employer au ſeruice du Fils de Dieu en
l'Egliſe eſtablie en voſtre maiſon, eſt coulee en mon
cœur, & ſe renouuelle en moy comme en leur ſuc-
ceſſeur: bref, c'eſt elle qui eſueille maintenant mon
eſprit, & me fait prendre la plume en la main pour
tracer ceſte Epiſtre, & les fruicts d'vne ente qui eſt
voſtre, ores qu'elle ſoit trãſportee cõme en terre eſtrã-
ge, à cauſe du temps: ainſi (Monſ.) quant à l'affe-

A ij

ction & bonne volonté enuers vous, i'accompagne ceux qui m'ont precedé, mais quant aux moyens de vous seruir ou d'orner l'Eglise, ie les vay suiuant de bien loing : car ie recognois le peu de prouision que i'ay des graces & parties à ce requises. Lors que le Temple de Ierusalem se rebatissoit, vn chacun y apportoit ce qu'il pouuoit : les vns des pierres, autres du bois, tous ne sont maistres masçons, & si pourtant ils ne laissent point de seruir à l'edifice : aussi prendrez-vous en gré ce petit labeur que ie vous enuoye, pour de plus vous confirmer en la sacree doctrine de l'Euangile qu'auez de long temps embrassee, & pour vous manifester mieux ma volonté enuers vous. Or pource que ie ne doute point que plusieurs qui ont esté abruuez du bruict qui a couru du siege posé deuant la ville de Nyort par Monsieur le Comte du Lude, ne desirent d'en sauoir la verité : i'ay pensé qu'il seroit bon pour plusieurs considerations, d'en faire vn sommaire veritable, que vous receurez, s'il vous plaist, auec tel tesmoignage de beneuolence, comme auez accoustumé de fauoriser ceux qui souhaittent l'auancement de l'Eglise du Fils de Dieu.

ACTES ET CHO-SES MEMORABLES

deuant la ville de Nyort par Monsieur le Comte du Lude, le lundy vingtieme iour de Iuin, Mil cinq cens soixanteneuf.

Ln'est besoin d'entrer aux occasions qui ont incité Monsieur le Comte du Lude de poser le siege deuant la ville de Nyort: car outre la hayne qu'il porte aux habitans d'icelle, faisans profession de la vraye religion, & pure doctrine, qui y a esté fidellement & de longue main annõcee contre sa volonté: il tient cõme le premier lieu entre ceux qui ont auec iuremens protesté d'abbatre la paroy qui est ia esbranlee par les inductiõs & subtiles menees du Cardinal de Lorraine, s'efforçant auec ses adherãs par violence & main des hommes, & par toutes sortes de machines d'arracher ceste vraye semence, qui a esté en ceste ville & autres infinis endroits de la France si heureusement semee. Mais com-

A iij

me toutes ſes entreprinſes ont eſté vaines, &
feront, auſsi ont eſté & feront celles dudit Côte, fi nous oyons les aduertiſſemens du Seigneur
qui nous a deſcoũuert leurs fineſſes, & les deſ-
couurira, à ce que ne ſoyons ſurprins.

Ledit Seigneur qui ne tendoit qu'a mettre à
execution ſon entreprinſe ſur ladite ville (ſuy-
uant la promeſſe aſſeuree qu'il auoit faicte à
Monſieur) comme ſi ia elle euſt eſté entre ſes
mains, ne laiſſa aucun moyen en arriere propre
pour c'eſt effect, comme il luy eſtoit plus que
facile ſelon l'apparẽce. Car il y auoit peu de ſoldats, peu de munitions, (comme il en pouuoit
deuẽment eſtre informé par pluſieurs qui ſont
en la ville comme autant d'eſpions) le camp
eſtoit pres de Limoges, Monſieur de la Noë ab-
ſent de ſon gouuernement, Monſieur de Puiuiaut aſſez loing auec cinq enſeignes ſimplemẽt
& ſa cornette, il n'y auoit apparence de ſecours
opportun, tellement qu'il ſe pouuoit ayſement
perſuader qu'elle ſeroit enuahye du premier
aſſaut, meſmes que le ſimple aſpect de ſes forces
(comme vn eſpouuantail) ſeroit ſuffiſant pour
les contraindre à ſe rendre.

L'entreprinſe fondee ſur ces occaſions, comme promptement elle fuſt cõceüe, auſsi ſoudainement fut elle commencee & executee. Car à
l'inſtant forces outre celles de ſon gouuernemẽt
(cõme d'Aniou, Touraine, & autres endroitz)

luy viennent en ſi grande affluẽce que riẽ plus,
outre quelques enſeignes du regiment de feu
Monſieur de Briſſac, auec bon nombre de cauallerie: le tout ſi ſecretement qu'ils furent pluſtoſt
veus en campaigne qu'on y auoit penſé.

Ledit Sieur de Puiuiaut n'auoit ſuyui le cáp
par le cõmandement de Meſſeigneurs les Princes, pour s'employer aux affaires qui ſe preſen-
teroyent en Poitou, auec Monſieur de la Noë
Gouuerneur, meſmes pour faire eſcorte à l'artillerie conduicte ſoubs l'autorité de Monſieur de
Ianlis, duquel il receuſt lettres pour c'eſt effect
eſtant au village d'Auton. La teneur deſquel-
les s'enſuit,

Monſieur de Puiuiaut, depuis ce ſoir i'ay receu lettres de Monſieur l'Admiral, par leſquel-
les il m'auertiſt de diligenter de faire marcher
l'artillerie, ce que voulant executer de tout mõ
pouuoir, & en la plus grande aſſeurãce qu'il me
ſera poſsible : ie vous ay fait la preſente, pour
vous prier fort de vouloir partir ceſte nuict à
la freſcheur auecques voſtre compagnie, pour
vous acheminer pres ceſte ville, pour tirer droit
à Matauille, ou trouuerez vos logis preſtz, qui
eſt prez de Bouteuillle, ou les cornettes ſeiour-
neront demain, à fin que par ce moyen on leue

toute occasion de doubte, & pour faire marcher
tout nostre attelaige en meilleure asseurance.
Cepēdant, apres m'estre recommandé à vos bō-
nes graces, ie supplieray le createur (Monsieur
de Puiuiaut) vous continuer ses graces sainctes.
De Congnac le dixiesme Iuing, 1569.

Ledit Sieur de Puiuiaut, ayant en partie ac-
comply le contenu de ceste lettre, feist quelque
seiour à Beauuoys sur Mata: partie, pour entendre nouuelles dudit Sieur de la Noë, auquel il
auoit escrit : partie, pour assopir vne querelle
meüe entre quelques vns de ses capitaines, &
quelques Gentilhommes qui estoyent pour lors
en la maison de Madamoiselle de Congosac, laquelle querelle, nonsans peine (à cause de quatre
ou cinq meurtres interuenus, & plusieurs blesseures) fut assopie au lieu de Naigres.

En ce lieu, ledit Sieur estant auerti de la force
de l'ennemy, seulemēt par quelque rapport cōmun, enuoya promptement deux de sa cornette
pour battre l'estrade iusques à la ville de Nyort,
pour parler à Mōsieur de la Brosse, Gouuerneur
d'icelle, duquel ils receurent confirmation auec
vne lettre de creance, laquelle portoit en som-
me, q̃ ledit Sieur de Puiuiaut feist diligēce de s'a-
cheminer vers la ville de Fontenay, laquelle l'ē-
nemy selon l'apparence vouloit assieger. Ce
qu'ayant entendu, soudainement sur les neuf à
dix heures du soir, feist auertir ses capitaines,
Caucuns

(aucuns d'eux esloignez de deux grands lieuës)
pour s'acheminer vers le bourg de Chizé: ce qui
fut fait en telle promptitude (nonobstant la
grande longueur du chemin, de neuf à dix grandes lieuës, & la chaleur ardente) qu'on se trou-
ua audit lieu sur les deux à trois heures apres
midi.

Sur la minuit, Mōsieur de la Roche, fils aisné
de Monsieur de la Louherie, Gentilhomme de
Poitou, fort affectionné au seruice de Dieu, s'en
alla trouuer Monf.de Soubize à Mouton, ou il
pēsoit le trouuer, mais il estoit ia fort auācé pour
trouuer le Camp, pour l'aduertir de ce que dessus, comme le semblable fut fait à Monsieur de
Sainctmesme Gouuerneur d'Angoulesme : mais
sans peu de fruit, par ce que lors & si soudainement la commodité ne se presentoit pour enuoyer secours.

Dudit lieu de Chizé, non sans grande apparence de peril, d'autant que l'ennemi ia tenoit la
cāpaigne, ledit Sieur de Puiuiaut accōpaigné de
quatre à cinq Gentils-hommes de sa compagnie, sous esperance de retourner ou enuoyer
sur la nuict homme par deuers Monsieur de l'E-
stang son lieutennt, s'achemina à Nyort pour
conferer auec ledit Sieur de la Brosse & les citoyens : ausquels apres auoir donné à entendre
sa volonté, qui ne tēdoit qu'à la gloire de Dieu,
& à la conseruation de son Eglise, & de leur vil-

B

le : furent d'auis, ou la plus part, qu'il n'estoit necessaire que ses compagnies entrassent en la ville, d'autant qu'il n'y auoit apparēce ou bien petite, que l'ennemi eust volonté de l'assieger, mais plustost Fontenay, ou faire quelque entreprinse secrette : pource qu'il pouuoit y enuoyer quelque compagnie (si ainsi estoit) & faire approcher les autres le plus pres qu'il pourroit de leur ville : ce qu'il executa par lettres, lesquelles il enuoya par vn des citoyens à son lieutenant, qu'il ne receut le lundi au matin (qui estoit le vingtiesme iour de Iuin) que sur les six à sept heures, où il les deuoit receuoir sur la minuict : tellement que son regiment qui deuoit estre cōme à l'aube du iour à sainct Iean de Marigné, (qui estoit le rendez-vous, suiuant son mandement) n'y fut que sur le midi : là les cartiers furent baillez.

Cependant Mons. le Comte, sans auoir vsé de sommation à la ville, selon l'art militaire, le plus secrettement s'approchoit : la force duquel & son entreprinse fut en partie descouuerte par vne lettre que Monsieur de Surymeau enuoya au Gouuerneur, comme ami & amiable compositeur, aussi comme contrainct par le commandement que ledit Comte luy auoit fait : laquelle i'ay voulu inserer, à ce q̃ sa volōté soit cognuë, cōme elle est par trop manifeste à plusieurs vefues, à leur grand regret & perte, pour vne tant

belle & louable composition, qu'il procura par
subtilles menees & inductions, en faueur des soldats qui estoyent en garnison à Maigné.

Monsieur, auiourd'huy, ainsi que Monsieur le
Côte du Lude a veu q̃ ses forces approchoyent
de Nyort, il m'a tant fauorisé que de se souue-
nir de moy, & m'a enuoyé offrir des Gentils-hõ
mes pour la seureté de ma personne & maison:
de quoy ie le suis allé remercier iusques à Eschi-
ré, où il s'est venù refreschir apres la reddition
du chasteau de Cherueux, où entre autres propos
nous auons fort parlé de vous, & est fasché de
quoy estes là, & vous desireroit en vostre maison, en laquelle il dit q̃ luy auez fait bône chere:
& apres luy auoir fait rapport des courtoisies
que non seulement moy, mais tous ceux qui vo⁹
ont employé, ont reçeu de vous, cognoissant le
repos qu'il vous desire, il m'a conseillé & commandé de vous escrire ceste lettre, pour vous
rendre asseuré qu'auec douze cens cheuaux,
cinq mil hômes de pied (desquels il dit que vous
cognoissez la plus part, & principalement la valeur des capitaines) quatre pieces de Canon (le
plus beau que ie vei iamais) il delibere d'entrer
dedans Nyort à quelque pris q̃ ce soit: il m'a cõ-
mandé de vous en aduertir, & de vous prier de
considerer que vous n'auez assez de forces pour

la garder, & qu'estant prise d'assaut, vous serez
occasion de la ruine de ceste pauure ville, qui
en a desia tant qu'elle ne le peut plus supporter.
Pour mon regard (comme curieux du bien de
ma patrie & du repos public) ie vous supplie au
Nom de Dieu, d'vser de vostre sagesse accoustu-
mee, ne vous opiniastrant en chose en laquelle
vous ne pouuez acquerir d'honneur, & pour
laquelle vous rëdrez beaucoup de vos amis mar
ris,& au contraire si(comme estant certain vous
ne la pouuez tenir) vous faites tant qu'vsant des
moyës raisonnables voꝰ la remettiez en la subie-
ction du Roy, la rendant à Monsieur le Comte
du Lude chef de ceste armee : vous obligerez
tout le peuple de ce pays à prier Dieu pour voꝰ:
si vous pouuez asseurer qu'il n'y a Gouuerneur de ville au monde qui reçoiue meilleur trai
ctement, ne auquel on face meilleure guerre que
Monsieur le Comte la vous sera, pour l'ancienne
amitie qu'il vous porte. Ie vous supplie d'y pë-
ser,& m'en ferez response, s'il vous est agreable,
& prëdre en bône part la requeste q̃ ie voꝰ en fay
qui ne procede q̃ de l'affectiõ grande que i'ay en
voftre endroit & à celuy de ce pauure peuple.
C'est l'endroit auquel ie prie Dieu, Monsieur,
qu'il vous doint en santé heureuse & longue vie,
apres m'estre humblement recommandé à vos
bonnes graces. De Surymeau, le vingtvniesme
iour de Iuin, 1569. au bas de laquelle le contenu

ci deſſous eſt inſeré,

Vous pouuez aſſeurer que mon couſin de Puiuiaut & ſes forces n'entreront point en voſtre ville, ſ'ils n'y ſont, car il y a ſix ou ſept cens cheuaux entre vous & luy.

Combien qu'on ne luy deuſt faire reſponſe, le Gouuerneur regardāt à la gloire de Dieu, à l'hó neur de ſon peuple, & au ſalut dudit Surymeau, luy fiſt reſponſe telle q̃ meritoit le contenu de ſa lettre, au bas de laquelle ledit Sieur de Puiuiaut par vn eſcrit ſommaire luy fit vne ſaincte re monſtrance, ſauoir, qu'il ſ'esbahiſſoit fort cṍ me il auoit peu penſer au conſeil qu'il donnoit à ceſte pauure ville, de ſe rendre à la merci de ceux qui n'en demandent que la ruine: qu'il luy ſe roit plus ſeant d'y entrer pour ſa defence, auec ſi bon nombre de bons Gentils-hommes & autres perſonnages, qui n'ont autre volonté que de vi ure & mourir pour la liberté Euangelique, de la quelle il a fait cy deuant profeſſion: qu'il deuoit auſſi faire ſon profit du iugement du Dieu vi uant tant ſeuére contre ceux qui ſe retirent de ſon Egliſe, retournans manger ce qu'ils auoyent vomi, & ſe veautrer en la fange & ordure, de la quelle il les auoit retirez: que ſi telles remon ſtrances & autres à luy faictes le poignirent, il ne le fut pas moins par l'aſpect de ſon ſeing, lequel il cognoiſſoit, ne pouuāt penſer qu'il fuſt entré dedans la ville.

Or les compagnies dudit Sieur de Puiuiaut
estant arriuees audit lieu de Marigné, commencerent à s'acheminer vers Frontenay l'Abatu
cartier de la cauallerie & de l'enseigne du capitaine Amiette absent à cause d'vne grande ma-
ladie:ce qui fut faict en bon ordre,pour la crainte qu'on auoit que l'ennemi ne chargeast l'infan
terie en la campaigne : ioinct que sur le chemin
trois ou quatre Gentils-hommes promptement
donnerent aduertissement à Monsieur de l'E-
stang qu'il y auoit au chasteau de Fors quatre ou
cinq cornettes auec quelque nombre d'infanterie,côbien q̃ le mareschal des compagnies en-
uoyant les cartiers eust mãdé le côtraire : tellement qu'on se disposa à combatre, si l'ennemi
ce fust presenté. Le capitaine Bois coustoyoit a-
uec ses harquebuziers à cheual le chasteau, à la
main dextre couurãt l'infanterie, laquelle estoit
suiuie de la cornette au pas:auec telle assistance
de Dieu, qu'on arriua de fort bonne heure audit
lieu de Frontenay:ce qui ne fut si tost fait, qu'on
entendit d'asseurance que l'ennemi estoit logé
aux cartiers qui auoyent esté baillez aux capitaines Bois, Laubiers & Gargouilleau, & fort
pres du cartier des capitaines Maison-neufue &
Piuotiere, comme l'effect le monstra : car comme ils paracheuoyent leurs barrieres, l'ennemi
iusques pres d'icelles tua vn soldat, & deux furent blessez,qui fut cause d'vne alarme prompte

en tout le regiment:& par ce moyen se retirerēt
tous ensemble à Frontenay.

Ledit iour ledit Sieur de Puiuiaut estant à
Nyort,ayant trauaillé tout le iour en quelques
escarmouches qu'il fit auec quelques Gentils-
hommes,ou ils prindrent sept ou huict prisonniers, sur le soir entendit les trompettes de l'ennemi auec forces phanfares : aucuns pensoyent
que ce fussent quelques trompettes de son regiment,mais ayant apperceu les feuz des corps de
garde de l'ennemi,& ceux qui estoyent à Frontenay,iugea que ses compagnies n'auoyent bou
gé,aussi que de tous costez de la ville on apper-
ceut les sentinelles posees tant de cheual que de
pied : qui donna tresgrand tremeur, crainte &
espouuantement à ces pauures citoyens,lesquels
se condamnoyent comme coulpables deuant
Dieu & deuāt les hommes,de ce qu'ils n'auoyēt
trouué bon que ses compagnies entrassent dedās
leur ville,laquelle ne pouuoit estre secouruē par
leur deffaut.

En ceste perplexité & crainte tous ont recours à luy : on luy remonstre auec grandes do-
leances que l'heure est venue qu'il faut qu'il mō-
stre le cœur qu'il a à Dieu & à son peuple (cōme
il a tousiours fait) qu'il faut qu'il se dispose a le
secourir. Les tentations sont grandes : car d'vn
costé il voit la destruction de ce pauure peuple
fidelle, ne pouuant euiter l'horrible vengeance

de Dieu, s'il ne luy donne secours en sa necessité:
s'il sort de la ville (les sentinelles posees) le peril
de la mort est appareillé: il ne le peut secourir, &
si ne le peut laisser sans secours: l'amour de Dieu,
la charité, son deuoir, sa vocation le pressent: à
l'opposite, le danger eminent nõ de sa personne
seulement, mais de tant de gentils-hommes &
personnages tant honorables qui l'ont tousiours
suiuy, se presente: mais conduit en telle extre-
mité par l'esprit de Dieu, iugeoit que s'il ne s'em
ployoit à la deliurance de son peuple, cuidant
euiter vn danger, il tomberoit en vn plus grand:
car cuidant euiter la main des hommes il tomberoit és mains de Dieu, prouoquant son ire nõ
seulemẽt sur luy, mais sur sa race, puis qu'il met-
toit en sa main le moyen de sa deliurance: que
l'occasion se presentoit, & qu'il en estoit le tẽps
ou iamais: estant ainsi pressé, se resolut de deli-
urer ce peuple, fust en la vie ou en la mort.

Apres vne deliberation tant saincte & chrestienne, apres longue cõferance du chemin qu'il
deuoit tenir, de la porte par laquelle il deuoit
passer, de ceux qui l'accompagneroyent en si
grand danger, à cause de tant de sentinelles, sor-
tit sur les onze heures par la porte de sainct Ian,
accompagné de Monsieur de Pierre-leuee le ieu
ne, gẽtilhomme, lesquels pouuoyẽt aisemẽt estre
descouuerts à cause du grand bat & remuement
de leurs cheuaux, mesmes de celuy de Monsieur

de

de Puiuiaut : tellement qu'on euſt iugé (comme
tous ont peu iuger) qu'il y auoit ſix à ſept cheuaux. Qui les a ainſi guidez, ſinon le Souuerain
par ſa colomne flamboyante? qui a bouché les
oyes des ſentinelles, ſinon luy ? qui les a frappez
d'aueugliſſement, ſinon celuy qui ferma iadis les
yeux aux Syriens menez par Elizee, lequel ils
vouloyent prendre?

Auparauāt que de ſortir de la ville, ledit Sieur
de Puiuiaut conſiderant les feuz qui eſtoyent à
Frōtenay, auoit remarqué vne Planete ou eſtoil
le beaucoup plus claire & eminēte que quelques
vnes qui l'enuironnoyent, eſtant ſur ce lieu, qui
luy ſeruit de beaucoup, d'autant que ledit Sieur
de Pierre-leuee, bien toſt apres qu'il fut ſorti de
la ville, ne recongneut le chemin, en danger de
tomber entre les mains de l'ennemi, qui auoit ſes
feuz de tous les coſtez, où en quelque chemin
perilleux. L'affaire requeroit toute diligence,
eſtoyent-ils en chemin, auſſi toſt entroyent en
autre, ſans aucune congnoiſſance : maintenant
au chemin cōmun, auſſi toſt dedās le champ, ou
en vn foſſé profond : mais touſiours auoit l'œil
ſur ſon eſtoille cōme les Sages ſur la Comete, à
l'aſpect & contemplation de laquelle arriuerent
en vne meſtairie recogneuë par ledit Pierre-leuee. Là Monſieur de Puiuiaut baille la clef de ſes
piſtolles, recongneuë par ſes capitaines, à vn hō-
me aſſeuré, leſquels il penſoit eſtre aux cartiers

C

qui leur auoyent esté baillez, aufquels il mãdoit
qu'ils fiffent aufsi toft batre aux chãps pour f'a-
cheminer la part où il les conduiroit au retour
de Frontenay, où il alloit en grande diligence.

Sur la minuict eftant arriué à Frõtenay, apres
auoir quelque peu cõferé auec ledit Sieur de l'E-
ftãg & auec fes capitaines, fit aufsi toft batre aux
champs: où on a peu apperceuoir vne grãde diligence, ioincte auecques vne bonne volõté que
tous luy portent, en ce qu'en trois cars d'heure
ou vne au plus, on f'achemina, au grand regret
de plufieurs qui n'eurent aduertiffement, ayant
ledit Sieur eu vn merueilleux plaifir & contentement d'auoir trouué contre fon opinion fon
regiment affemblé en vn lieu. Là le Gentilhomme ne regardoit à fes commoditez, le foldat a-
bandonnoit fon bagage conduit autre part : le
tout faict non en fecret, mais au fon des tabours
& trompete, ce qui pouuoit aifement eftre entendu de l'ennemi, comme autant d'aduertiffement du partemẽt de fes compagnies dudit lieu
de Frontenay.

Ce faict, fur le chemin le Nom de Dieu inuo-
qué au milieu de tous (chofe couftumiere & vfi-
tee par les Miniftres qui fuiuẽt fa cornette, qu'il
aime & reuere) l'ordre par luy eftabli au partir
fut quelque peu de temps interrompu, à caufe
d'vn gué qui ne peut eftre paffé de l'infanterie q̃
fur des planches, qu'il auoit fait dreffer, mais à

l'inſtant on ſuiuit le meſme ordre,chacun haſtât
le pas par ſon commandement,à cauſe de la demeure qu'on auoit fait au paſſage. Il marchoit le
premier auec quelque nombre de lanciers cou-
ſtoyez par bons harquebuziers, qui ſouſtenoyêt
l'infanterie,ſuiuie pas à pas par la cornette accõ
pagnee de quelque nombre de piſtolliers, auec
ſi belle apparence qu'on euſt iugé à l'œil que
ſeuſt eſté vne bataille de quatre ou cinq mil
hommes.

Les remonſtrances que fit ledit Sieur à ſes capitaines au partir tendoyent à ce but, qu'ils
prinſent garde à la conſequence de ſon entrepri
ſe,qu'il eſtoit queſtion de donner faueur à leurs
freres,comme en danger de mort:les ſecourans,
que ce benefice feroit employé en lieu qui à iamais en auroit memoire, qu'ils ne ſçauroyêt a-
uoir meilleure occaſion d'accroiſſement, & à
leurs ennemis plus grand esbahiſſement. La force deſquels eſtoit grande, mais c'eſtoit peu au
regard de la puiſſance de Dieu,auquel ſeul regar
dains deuoyent tous fermer les yeux aux choſes
qui ſe preſentoyent : qu'il y auoit grand nombre d'hômes, mais qu'ils eſtoyent meilleurs com
batans:que ſouuent le moindre nombre comba
tant auoit vaincu le plus grand : tellement qu'il
n'y auoit nul qui n'euſt volonté d'entrer libre-
ment en ceſte ville deſolee : que ſi l'entree eſtoit
ſuſpecte,le droit eſtoit de leur coſté. Dauid n'o-

C ij

sta-il le prepuce de deux cens Philisthins, pour a-
uoir à femme Michol fille de Saul? trois de ses
capitaines ne passerent-ils pas au millieu du câp
des Philisthins, pour luy apporter de l'eau d'v-
ne fontaine qui estoit en Beth-lehem? ici il estoit
seulement question de la gloire de Dieu, aussi a-
il benit son œuure.

Peu de têps apres que le gué fut passé, on descouurit trois ou quatre hômes de l'ennemi qui
tiroyent vers le village de sainct Florent, où ils
estoyent tous assemblez: où estans arriuez, à l'in-
stât la maison de Pied de-font passee, quinze ou
seize lanciers se presenterent à l'escarmouche
en vn pré qui estoit entre ledit village & le chemin ordinaire où les compagnies dudit Sieur
estoyent.

A l'instant, ledit Sieur, à leur contenance, iu-
geant (comme il est experimenté en tels affaires,
pour auoir hanté les guerres depuis vingt ans)
que les cornettes qui estoyêt au village de sainct
Florent promptement se mettroyent en campa
gne pour le charger, comme la commodité trop
grande se presentoit, le tout à leur faueur: derechef, auec vne fort bonne attention commença
à les exhorter en ceste sorte; Or sus mes compa-
gnôs & bôs amis, à gês de cœur & de vertu (mesmes aux Chrestiens) ne faut vser de lôgues paro
les, ains suffit vne succincte & brieue admonitiô,
laquelle ie fay plus pour vous reduire en me-

moire ce qu'auez affaire, que pour vous exhorter. Il n'y a vne seule raison parquoy nous deuions auoir crainte : ie m'asseure qu'en despit d'eux nous entrerons à ceste heure presente en la ville : pour le signal ayez deuant vos yeux ces deux grandes pyramides, ausquelles il vous faut droit aller, c'est la vostre rendez-vous, ce sont vos enseignes desployees, & cornettes au vent : sus, que chacun s'esuertue, & qu'on prenne courage, car il faut aller à ce rendez-vous : ils ont grandes forces, mais ce n'est que pour la crainte qu'ils ont de nous : ils y viennent en la chose seule en laquelle ils ont fiance, mais nous allons entrer en la ville auec le bras & force du Dieu des armees. Ce faict, il commença derechef à les faire mettre en bon ordre, luy prend vn costé auec asses bon nombre de pistolliers & harquebuziers : ledit Sieur de la Roche conduict d'autre costé quelques lanciers pour empescher la charge premiere, & la cornette estoit côduite par son lieutenant.

Lors sept ou huict cornettes sortent dudit village suiuât en ordônâce les escharmoucheurs, commencent de tous costez à enuironner ses côpagnies, lesquelles à son commandement redoubleront le pas pour approcher de la porte, car c'estoit leur but d'y entrer et nô de côbatre, pour n'estre egaux & pareils en force à leurs ennemis : ce qui ne peust estre si tost executé qu'ils ne char geassent sur la queue de son infanterie estant cõme en desordre, non toutesfois tel qu'elle n'eust bonne volonté de le charger si elle estoit chargee. La trente ou quarante soldats furent tuez, & quinze ou vingt blessez, selon qu'on en a peu iuger, comme aussi il y en eut quelque nombre de leur costé, voire personnes de qualité, comme l'on pouuoit iuger par leurs armes & cheuaux.

Ces choses ainsi passees, ils se retirerent au mesme lieu d'où ils auoyẽt sorti, auec aussi grãd triomphe comme s'ils eussent gaigné vne bataille, en laquelle vingt ou trente mil hommes eussent esté deffaits: mais quelle occasion auoyẽt-ils de ce faire? le but dudit Sieur estoit de faire entrer ses trouppes en la ville, ils ne l'ont peu empescher auec si grandes forces, il a passé comme par le milieu d'eux : ils ont deffait & blessé aucuns des siens, il y en a eu aussi de leur costé : ils ont pris vne enseigne en la charge, & quelq peu de taffetas d'vne autre : mais ils ont perdu deux cornettes, que ledit Sieur a enuoyees à la Royne de Nauarre, l'vne desquelles appartenoit à Mõsieur de Rufec, lequel c'est du tout mõstré cruel, n'ayant voulu qu'aucũ soldat fust pris à rançon: mesmes ils n'ont peu empescher que les tuez n'ayent esté veuz & enterrez par vne sortie que fit ledit Sieur aussi tost qu'il fut entré dans la ville, de laquelle ils eurẽt fort peu de secours, hors mis l'ouuerture asses tardiue, voire que quel-

ques vns des siens y furent blessez, & des cheuaux tuez.

Ce iour mesme, sur les trois à quatre heures,
on commença à batre de deux canons la porte
du pont & les deffences, le tout auec vne si gran
de diligence que rien plus remparé par ceux de
la ville & soldats: la où le gouuerneur fut blessé
au bras d'vn coup d'harquebuze, & trois ou
quatre pauures artisans tuez & vn soldat, laquel
le batterie continua iusques à la nuict.

Le chasteau de Maigné fut rendu par compo
sition par telles quelles persuasions qui furēt faites par ledit Sieur de Surymeau, aux parolles
duquel en cest endroit ne deuoyent adiouster
foy, pour auoir tant de tesmoignages de leur des
loyauté & infidelité plus q̃ payēne, comme le fait
de la Mothe, Rufec, Musidā & plusieurs autres
lieux: ce qu'ils sētirēt aussi, car cōtre la promesse
ils tuerent tous ceux qui estoyent dedans, & les
ietterent en l'eau: peu auparauant le chasteau
de Cherueux auoit aussi esté rendu par composition, & les soldats prisonniers, en danger de sen
tir l'effect de leur cruauté, si ce bon Dieu n'a pi-
tié d'eux.

La nuict ils osterent leurs pieces de batterie
de ce lieu, voyant le rempart si fort qui y auoit
esté fait, & dés le matin, qui estoit le Mercredy, el
les furent braquees en deux maisons des faux-
bourgs, desquelles ils battirent la tour de l'Espin

gale & les deffences : ce qui fut fait fans grande
furie, aufsi que tout eftoit fi bien rempare que riē
plus, par la diligence de ceux qui cōmandoyent:
la il y eut deux ou trois hōmes de la ville tuez.

Le Ieudi la ville fut battue de trois canons &
deux couleuurines auec vne merueilleufe furie,
& firēt breche au cofté de ladite tour de l'Efpin-
galle tirant à la porte du port, telle, (eftant bien
de trente pas) qu'aifement vn homme à cheual
& armé y eut monté : la furent tuez quinze ou
feize foldats & vne femme, & plufieurs bleffez
en remparant la breche auec vn zele bruflāt à la
gloire de Dieu, & pour l'amitié fi bonne qu'ils
portoyēt audit Sieur de la Broffe & de Puiuiaut,
qui ne les abandonnoyent aucunement comme
vrais exemplaires.

Le mefme iour fur le Soleil couchāt, trois enfeignes affes bien accompaignees, vindrent iuf-
ques au pied de la tour pres de la breche, foufte-
nue de deux coleuurines, qui donnoyent grand
empefchement à ceux qui fe prefentoyent à la
deffence de la breche : il y eut en ceft affaut qui
dura demie heure ou trois cars, grande batterie,
en laquelle furent tuez vingt-cinq ou trente fol
dats de l'ennemi, & de ceux de la ville, le capitaine Membrolle enfeigne de la compaignie du
gouuerneur, & trois ou quatre autres.

Auparauant que les enfeignes fufdites vin-
fent à l'affaut, fur les trois ou quatre heures deux
enfeignes

enseignes partirent du mesme lieu, sous esperã-
ce d'entrer en la ville par escallade, lors qu'ils se-
royēt empeschez à la deffence de la breche: mais
comme ceux qui se presenterent à la breche se
retirerent confus & bien chargez, aussi firent les
escalleurs, qui tomboyent legerement aux fossez auec grandes blesseures: ne cesserent les assaillis toute la nuict auec hommes, femmes &
filles de la ville, de remparer la breche ioignant
la tour de l'Espingale, & tirant vers la porte
sainct Iean.

Le Vendredi sur les quatre à cinq heures du
matin, commencerēt à battre de deux pieces qui
furent braquees deça l'eau, la tour de l'Espingale du costé des vignes & la muraille, non toutesfois auec si grande furie comme ils auoyent bat-
tu l'autre costé de la tour & la muraille tirant
vers le port, laquelle batterie cessa sur les cinq à
six heures du soir, faute (ainsi qu'on disoit) de
munitions, d'autant que quelques enfans & filles venoyent querir les balles aux fossez. Ce iour
y eut de la ville dix ou douze hommes tuez.

Ce iour mesme on descouurit bien vingt soldats ou plus, aucuns estans au pied du fossé contre la contrescarpe & au pied de la tour, ne pou-
uans estre endommagez, les autres estans dedans
le second estage de la tour, en laquelle ils auoyēt
entré par vne ouuerture assez grande, faite par
le canon, au dessus duquel estage qui estoit vou-

D

té, les soldats dudit Sieur estoyent, & au dessous
pareillement, en sorte qu'ils pouuoyent entendre les propos les vns des autres sans s'endom-
mager, mesmes quelques capitaines les alloyent
voir en la faueur de leurs tranchees & gabions
qu'ils auoyent dressez.

Sur les trois à quatre heures, ledit Sieur de
Puimiaut tant affectiôné à ce pauure peuple, vou
lant voir les ruines si grandes de la tour de l'Espingale, pour y donner ordre (comme il sçauoit
bien faire) fut grandement blessé des esclats d'v-
ne grosse pierre sortie de sa place par la violence du canon, voire tellement blessé, que du commencement on n'esperoit point de vie en luy:
chose qui donna tel esbahissement aux pauures
soldats (desquels il est vrai pere) qu'ils estoyêt cô
me sans cœur & force, sinon qu'on leur donna
à entendre que c'estoit peu de chose que de sa
blesseure.

Auparauant cest inconuenient si grand, il a-
uoit dôné tel courage à ses capitaines & soldats,
qu'il n'y en auoit aucun qui n'eust volonté de vi
ure & mourir auec luy: la substance de sa remô-
strance estoit, qu'ils n'auoyent occasion de crain
dre l'assaut, veu que la force & le courage venoyent de Dieu, qu'ils combatoyent pour sa
querelle, qu'il deliureroit son peuple, que chacû
se continst en son rang, ordre & place, comme il
seroit ordonné & commandé, que luy qui estoit

leur chef & colõnel, ne leur bailleroit pas moins
de cõmodité de combatre qu'il auoit fait ci deuant, que leurs capitaines ne leurs bailleroyent
aussi occasion d'estre lasches & coüars à soustenir l'assaut, estant bien asseuré de leur volonté:
que ceux qui se monstreroyent gens de bien, se-
royent recompensez & recognus selon le meri-
te de leur vertu, que ceux qui sont en plus grand
nombre, le plus souuent viennent à l'assaut se cõ
fians plus à leurs forces que à leur conduite : ou
ceux qui se sentét les plus foibles de gens & d'ap
pareil, mettant leur seureté en prudence & bon
conseil, vont plus hardiment en besongne : car
aussi on a souuët veu que la plus grande puissan
ce a esté vaincue par la moindre , souuent par
ignorance & non sçauoir, autresfois par faute de
cœur & de cõduite : lesquelles deux choses n'ont
esté en ses soldats ni aux citoyens, qui ont tousiours receu en bonne part telles remonstrances
sans contredit ni murmure , comme aussi ont-il
fait celles dudit Sieur de la Brosse.

   L'ennemi ne fit pas grand cas le Samedi, faute
de poudre, remuerent deux canons d'vn lieu en
l'autre : les soldats tirant les vns contre les autres, mesmes ceux qui estoyët en la seconde chã-
bre de la tour , sortirent sur les huict heures du
matin, retournans sur les neuf à dix heures du
soir, ou le capitaine la Salle fut tué d'vne grosse
pierre, apres vne infinité de blasphemes & paro-

D iij

les impudiques & deshonnestes.

Le Dimenche sur les cinq heures du matin, commencerent auec grande furie à batre la tour du Pelet, forte & puissante, & profitable pour la deffence de la premiere breche ioignant la tour de l'Espingalle du costé de l'eau : laquelle tour du Pelet auec toutes les deffences furent tellement battues qu'on ne pouuoit bonnement poser sentinelles en quelconque endroit, qu'ils ne fussent blessez ou tuez, comme il aduint à quelques vns : la batterie cessa sur les quatre heures du soir.

Les soldats auec les citoyens le Lundi & le Mardi trauaillerent à remparer, d'autant qu'il n'y eut grande batterie, sinon contre vne tour asses forte, par laquelle le chasteau est ioinct auec la tour du Pelet, où il y eut deux ou trois hommes tuez de la ville.

Les deffences du chasteau qui portoyent grande nuissance à l'ennemi, furent battues le Mercredi, tellement que le degré par lequel on môtoit au premier estage où estoyent quelques pieces, fut abbatu : qui fut fort grand dommage pour la deffence, ensorte qu'on fut contraint de descendre lesdites pieces, desquelles on ne s'en seruit que bien peu puis apres.

Ce iour vn nommé Paillerie auec deux soldats, sortirent de la ville par la porte sainct Ian, lesquels comme en la presence de l'ennemi & à leurs portes, à vn quart de lieuë, prindrent quelques prisonniers, entre autres vn nommé Gachere (lequel au seconds troubles auoit su ui Monsieur de Puiuiaut) & le Preuost de la Chastagneraye, suiuant contre leur conscience Mõsieur de Landreau, lequel a maintenant sous telles quelles promesses qui luy ont esté faites, comme à plusieurs de son humeur, suiui le parti de ceux qui ne desirent que la dissipation de l'Eglise, & la ruine du Royaume.

Le Ieudi les pauures citoyens en si grandes afilictiõs & assauts (s'asseurans neantmoins tousiours aux promesses de Dieu) furent quelque peu consolez, apres auoir entendu que Mõsieur de la Noë auoit combatu l'ennemi audit lieu de Frontenay, aussi que la verité estoit telle, cómme l'ennemi l'a senti par effect.

Sur les onze heures du soir cinq soldats auec vne hardiesse admirable descendirent par la breche premiere de l'Espingale, en intention d'abbatre les gabions que l'ennemi auoit fait , par le moyen desquels il leur estoit aisé d'entrer en la tour & de venir à l'assaut au couuert: ce qu'ils executerent promptement, nonobstant la resisté ce que peurent faire quelques soldats qui gardoyent lesdits gabions.

Led. Sieur de Landreau sachant biẽ ce qui ce deuoit faire le l'endemain, qui estoit de battre furieusement la ville & aller à l'assaut, pensant ia y

entrer à son aife, fur la nuict pres de leurs gabiõs,
apres auoir appellé quelques foldats qui le pouuoyent entendre, leur dit que Landreau mãdoit
au Sieur d'Auailles, qu'il luy fist apprester le fou-
per pour demain, & qu'au deffert il luy prefen-
taft trois mil efcus, auec plufieurs propos indi-
gnes d'eftre recitez.

Cõme à mefme heure, où peu auparauant, no-
ftre Dieu voulãt aduertir fon peuple de fon deuoir, vn de leurs foldats ayant laiffé fes armes au
corps de garde de fa compagnie, fe prefenta à v-
ne fentinelle de la ville, luy donnant à entendre
qu'il auoit quelque chofe à dire à Monfieur le
gouuerneur : auquel apres auoir efté prefenté, &
à Monfieur de Puiuiaut, ne peurent fçauoir & tirer de luy autre chofe (eftãt interrogé de la caufe de fa venue en la ville) finon q̃ l'ennemi auoit
eu nouuelles forces, comme la verité eftoit, qu'il
n'auoit faute de munitiõs pour battre la ville a-
uec pl⁹ grande furie, ce q̃ feroit fait dés l'aube du
iour: & auffi toft q̃ la breche feroit faite, qui pouuoit eftre fur le midi felon l'apparence, qu'auffi
toft l'affaut feroit baillé, & que preuoyant cefte
prinfe (confequemment vne ruine efpouuanta-
ble) qu'il eftoit venu expreffement pour fauuer
quelq̃s vns de fes amis, aufquels il porte vne affection intime : ce qui fut en tout & par tout executé, la prinfe de la ville ceffant feulement, ne
l'ayãs peu prendre, comme ils auoyent proietté.

Suiuant l'auertissement susdit, le Vēdredi entre trois & quatre heures du matin, battans la muraille ioignant la seconde tour de l'Espingale vers le port, leur batterie fut autant terrible & espouuantable que rien plus, car ils tirerent bien quatre à cinq cens coups de canō iusques à l'heure de midi, en sorte qu'ils firent deux grandes breches plus que raisonnables & suffisantes, l'vne de vingt pas, l'autre de dix à douze, auec deux grandes ouuertures és deux tours, ou on pouuoit aussi aisement entrer cōme par les breches, iusques à la sommité desquelles vn cheual aisement eut peu aller, comme à la premiere ioignāt ladite tour de l'Espingale.

Les trois breches estant ainsi suffisantes (il est vray que la premiere estoit asses bien remparee) ledit Sieur Comte du Lude ne pouuant penser qu'ils ne se rendissent à la moindre sommation qui leur seroit faite, enuoya trois capitaines vers le gouuerneur, sçauoir la Vacherie gouuerneur du Sauuage, la Radde & Canadet, desquels apres auoir entendu la legatiō fondee sur les mesmes causes & raisons que ledit Sieur de Surymeau auoit amplemēt deduites en la lettre qu'il auoit enuoyee au gouuerneur auparauant que le siege fust posé : il n'eurent autre responfe par ledit gouuerneur, sinon qu'il ne s'estoit ingeré de sa volonté en l'administration & gouuernement de la ville, qu'il estoit establi & ordonné

par Monsieur le Prince de Nauarre, gouuerneur
de la Guyenne pour le Roy, duquel il desiroit
(comme il estoit par trop iuste) sçauoir sa volõté, auec autres responses Chrestiẽnes, lesquelles
ne pouuoyent contenter lesdits capitaines, qui
ne tendoyent qu'à leurs fins, en sorte qu'ils s'en
retournerẽt en grande doute apres vn tel pour-
parler, qui ne fut fait dans la ville, eux estans
deuant la porte sainct Iean, & le gouuerneur sur
le bouleuart, selon l'vsance & art militaire.

Or combien que telle response eust esté faite,
cependant sous main plusieurs (voire des plus
grans) eussent bien voulu qu'on eust accepté
quelques offres de l'ennemi, comme aussi en
presentoit-il de bouche, cõme il est coustumier
de ce faire, n'ayant cependant foy, loyauté, charité ni cognoissance aucune de Dieu: & de fait,
vn des plus familiers dudit Sieur de Puiuiaut
prié par aucunsiluy en porta parole : duquel au
mesme instant eut ceste response saincte & Chre
stiẽne q̃ quant à luy, il ne pouuoit auoir autre o-
pinion que celle que l'Esprit de Dieu luy auoit
suggeree, laquelle il auoit declaree aux gentils-
hommes de sa cornette, aux capitaines & soldats de son regiment, tous cõuoquez en lieu public au son de la trõpette & tabours, ayans tous
d'vne voix & d'vn cœur Chrestien protesté deuant Dieu qu'ils viuroyent & mourroyent auec
luy qui estoit leur chef & colonnel, pour la conseruation

seruation de l'Eglise de Dieu , & deffence de la
ville : & combien que plusieurs (disoit-il) vacil-
lent à l'heure qu'ils deuroyēt estre du tout asseurez , que du commencement ils estoyent de son
aduis: helas (disoit-il) est-ce à ceste heure qu'il
faut qu'ils perdent ainsi courage sans occasion,
leur renommee sera-elle blessee faute de cœur?
Veulent-ils à credit perdre la gloire & honneur
qui leur est tāt asseuré, & à leur posterité? O que
le plaisir de mō Dieu(si cela redondoit à sa gloire) fust, que ma blesseure fust conuertie en santé.
Ie ne say doute que les coüars & faillis de cœur
ne puissent auoir telle volonté: mais les vrais seruiteurs de Dieu & bons subiets du Roy sous
l'authorité de messieurs les Princes, ne consenti-
ront à la reddition de la ville , ou aucun soldat,
non plus que leur colonnel : que si pour vn conseil Chrestiē quelques vns conçoiuent haine ou
enuie cōtre luy & cōtre ceux q ont vne telle volōté, ce ne sera chose nouuelle, mais celuy qui en-
durera telle malueillance, il sentira la faueur de
Dieu en telles affaires qui ne tēdēt qu'à sa gloire.
En commun tous acquiesçoyent bien à ses remonstrances, se disposans de soustenir auec vn
desir feruāt l'assaut qui se presentoit à l'œil: mais
en particulier quelques vns grinçoyēt auec mur
mures les dents, se persuadans qu'ores que l'ennemi entrast dans la ville, qu'ils se pourroyent
sauuer par tels quels moyens qu'ils imaginoyēt,

E

à cause desquels plusieurs ont esté deceus:& par
tels quels autres langages artificieux tels ora-
teurs & harangueurs qui prenoyent si grande
peine à persuader de rendre la ville à l'ennemi
capital & iuré d'icelle (aucuns fondans leur dire
sur le bras charnel de l'ennemi, autres sur le peu
de munitions , & mesme de pouldre , & le secours pretendu duquel il y auoit peu d'esperance) deuroyent monstrer la force de leur eloqué-
ce en autre matiere de moindre importáce, qu'à
la destruction & ruine de la ville.

Monsieur le Comte du Lude considerant la
constance des vns & des autres qui estoyent en
la ville tant admirable, ne peut auoir autre opinion qu'il ne pouuoit executer son entreprinse
si aisement comme il auoit proietté,& ores qu'il
print la ville d'assaut , que cela ne se feroit sans
grandissime perte de ses gens,aussi qu'il en auoit
ia perdu grand nombre : ce neantmoins conti-
nuant en sa volonté, resolut d'aller à l'assaut si fa
cile que rié plus,les trois breches auec l'ouuertu
re des tours estás tát raisonnables & suffisantes.

La resolution ainsi faite vindrent de tous costez à l'assaut,nulle breche n'estant espargnee, se
persuadans d'y entrer aussi aisement cóme par
vn chemin planier & ordinaire auec peu d'effort
& resistence,ce que le cómun peuple se persua-
doit sans aucune difficulté.

A cest assaut marchoit deuant tous vn capitaine de fort belle & grãde stature & bien armé, tenant en sa main vn fort & rude espieu, iceluy suiui de six capitaines portans rondaches, suiuis aussi de douze autres en tel equipage, accompaignez de fort grand nombre d'harquebuziers, halebardiers, piquiers & autres, au milieu desquels estoit l'enseigne colõnelle & quelques enseignes qui la suiuoyent, auec aussi grande furie & en fort bon ordre de guerre, qui fut interrompu à l'instant, estans contraints de passer l'eau, chose mout preiudiciable pour ceux qui assailloyent, & profitable aux assaillis.

Les assaillans estans ainsi en ceste confusion en l'eau & si chargez de tous costez d'harquebuzades, l'enseigne colonnelle (comme son deuoir estoit) les desauance auec grande promptitude & fierté de cœur,& vint iusques au pied de la tour,où elle ne fut si tost qu'elle n'eust vn coup d'harquebuze en la teste, & pres de luy quatre ou cinq capitaines rudeliers signalez,la mort desquels d'vn costé augmentoit le courage de quelques vns,aux autres donnoit espouuantement ; les assaillis sur la breche iettoyent feu artificiel, autres grosses pierres , les autres des harquebuzades , autres frappoyent de leurs espees & autres sortes de glaiue , femmes, filles , enfans, ieunes & vieux,forts & debiles , ne s'y espargnoyẽt, en sorte qu'ils furent contraints auec grans cris de quitter les breches, & repasser

l'eau auec plus grand' vistesse & promptitude
qu'ils ne l'auoyent passee,ce qu'ils ne peurent si
tost faire pour n'auoir la commodité fauorable
ni le loisir prompt de ce faire, qu'il n'en demeu-
rast la meilleure partie en l'eau tuez ou blessez,
la vie desquels fut abregee par ceux qui descendirent promptement de la breche, les suiuans
asses loing de l'eau. Lesquels retournans auec
toutes sortes d'armes de l'ennemi, (mesmes que
ladite enseigne colonnelle fut apportee) chan-
tans & resonnans les louanges du grãd Dieu des
armees par Psalmes & Cantiques:les prieres furent faites par l'vn des Ministres au bas de l'vne
des breches,luy rendant graces d'vne assistence
tant admirable contre tous leurs ennemis ou-
uerts & secrets. Car ils n'auoyẽt point seulemẽt
à combattre ceux qui se presentoyent en face,
mais à se garder de plusieurs seditieux qui estoyent en la ville, qui ne peurent si bien compri-
mer leurs affections, que le desir qu'ils auoyent
de voir ceste pauure ville prise ne fut cognu des
plus grossiers : car on a adueré qu'on auoit tiré
quelques coups d'harquebuze contre ceux qui
gardoyent la breche de leurs maisons : quand les
pauures femmes & filles portoyent de l'eau
pour estaindre le feu qui prenoit quelquesfois
aux balles,ou pour s'en seruir en quelque autre
endroit,on leur iettoit pierres dessous la halle,
les autres disoyẽt le mot lors qu'elles portoyent

viures aux soldats : le poudrier ou canonnier qui
estoit à la tour du pont, mit le feu à la poudre,
iettant les pieces au bas du fossé, qui depuis ne
fut veu auec plusieurs autres menees qui furent
descouuertes.

Le chef de l'entreprise, comme transporté &
endurci sans recognoistre ceste grande afsisten-
ce diuine, ne cesse, il n'a esgard à la mort de tant
de gentils-hommes qui estoyent là venus comme par contrainte, où ils estoyent en repos en
leurs maisons, dóne courage aux capitaines qui
estoyēt restez, les capitaines à leurs soldats s'ex-
hortans les vns les autres, les citoyens seditieux
(qui estoyent fort contristez pour auoir veu ce
qu'ils n'euffent iamais pensé voir) leur font tant
de belles offres que rien plus, le sac de la ville ce
presente auec le butin, celuy qui s'est volontai-
rement osté de la ville souhaite la iouifsance de
sa maison & de sa famille, le pauure se voit enri-
chi, & qui pis est, vne infinité de femmes du tout
impudiques & desbordees (desquelles leur cáp
est autant rempli que de combatans) animoyent
leurs malheureux, auec vn desir de se baigner au
sang de tant de nobles damoiselles & dames pu-
diques & chastes.

Satan conduisant par son esprit ses pauures
gens, comme transportez de rage, furie & desef-
poir, commençent derechef à aller à l'affaut cōtre ceste pauure ville, cuidans à l'arriuee confon

dre ces pauures citoyens , qui eſtoyent en prieres & oraiſons auec pleurs & gemiſſemens Chre-
ſtiens: l'oraiſon deſquels eut telle vertu & efficar-
ce, que ſoudainement l'ennemi ſ'arreſta au bort
de l'eau, comme du tout eſpouuanté. Il eſt vray
qu'aucuns ſ'hazarderēt comme les premiers de
la paſſer pour venir à l'aſſaut, mais ils furent vi-
uement repouſſez à coups d'harquebuzes, tellement que ceux qui les ſuiuoyent, eurent pluſtoſt
volōnté de regarder le lieu d'où ils eſtoyent venus, que le lieu du paſſage: en ſorte que tous en
fin furent d'vne meſme volonté, qui eſtoit de
ſ'en aller à leur grande honte, combien qu'ils
fuſſent priez, ſommez & inuitez par les ſoldats
de venir au conuiue qui leur eſtoit auec grande ſolennité preparé à l'entree de chacune des
breches.

Or tant que la ville fut aſsiegee, le ſiege ayant
eſté poſé le Lundi vingtieſme de Iuin , & leué le
Samedi ſecond de Iuillet, la cauallerie ordinai-
ment eſtoit en bataille de tous les coſtez de la ville, chacun tachās à ſ'approcher au plus pres des
portes pour eſtre à l'heure du ſaccagement &
pillage: & Dieu ſçait les propos qu'ils tenoyent,
les grands & horribles blaſphemes qu'ils deſ-
gorgeoyent contre le Sanctuaire de ce grand
Dieu: Dieu ſçait en quel orgueil & fierté ils par-
loyent. & quels propos ils tenoyent: comme iadis Rabſaces lieutenant de ce tyrā Sennacherib,

côtre Ierusalem & ce bon Roy Ezechias , lequel
fut preserué de sa cruauté comme a esté ceste ville de la main de Monsieur le Comte du Lude &
ses adherans, qui s'en allerent confus le Samedi
sur les trois heures en leur entreprinse peruerse,
auec le reste de leurs forces, cheuaux , munitiõs,
equipages, bombardes & canons, desquels ils tirerent bien treze à quatorze cens coups contre
les murailles de la ville.

Auparauant que l'ennemi leuast le siege , le
Vendredi sur le soir, ledit Sieur Comte du Lude conuoqua tous les seigneurs , plusieurs gentils-hommes & le reste des capitaines pour ad-
uiser auec eux ce qu'il auoit à faire , ce qui ne fut
fait sans grandes altercatiõs:là Mõsieur de Puigaillard se monstra plus courageux que tous les
autres, asseurant la compagnie qu'il y entreroit
auec ses compagnies Angeuines beaucoup plus
experimentees en telles affaires que les vieilles
compaignies, se persuadant qu'il luy seroit aussi facile d'entrer par les breches comme il luy est
aisé d'entrer au chasteau du pont de Cé , duquel
il est capitaine. A l'instant commence à orer &
auec grans mouuemens & persuasions non peti-
tes (comme il est coustumier) donner courage
inuincible à ses soldats qui n'auoyent accoustumé d'ouyr telles remonstrances en leurs villages
& bourgs qu'ils auoyent abandonnez pour estre
au sac de la ville: mais le malheur fut, que telles

remonstrances furent faites le soir apres leur refection tant sobre: car le iour venu, lors qu'ils deuoyent aller à l'assaut quatriesme, ils ne pensoyent non plus aux remonstrances dudit Sieur Puigaillard, que s'il n'eust point parlé: il n'est question que de batre aux champs, & inuenter quelques excuses honnestes pour couurir leur pusillanimité & honte, l'vn iure, l'autre blaspheme, l'vn se despite, l'autre regrette d'auoir laissé ses foins à faucher, l'autre les perrieres où il trauailloit l'autre la pescherie, l'autre souhaitoit ledit Sieur de Puigaillard en Gascongne sa patrie, & non en Anjou, aucũs disoyẽt qu'ils desiroyẽt plustost ouyr les cris & pleurs de leurs enfans de iour & de nuict que telles harangues qu'ils auoyent ouyes, ores qu'elles eussent esté succintes & brieues, substancieuses neãtmoins. Ainsi ce bõ Dieu a empesché la cruauté sanglante des compaignies Angeuines sous la cõduite dudit Sieur de Puigaillard, comme il auoit fait celles des vieilles bandes.

Le siege leué huict iours apres sur les dix à onze heures du soir, l'alarme fut fort furieuse en la ville, & veritable, mais à l'instant auec courage merueilleux indiferemment tous se presenterẽt aux breches & sur les murailles, auec vne volonté de combatre mieux qu'ils n'auoyent encores fait, tellement que l'ennemi n'eut moyen de faire aucune chose, sinon que de s'en retourner en

grande

grande confufion & hôte de quelques fedicieux qui leur donnoyent faueur, felon le bruit commun.

Or depuis le chafteau de Lufignan eftãs prins contre l'opinion humaine, les canons & autres pieces que Monfieur le Comte du Lude auoit fait amener pour batre la ville de Nyort, ont efté prins, auec nombre de boulets & autres munitions, comme le femblable a efté fait en la ville de S. Meffens, en laquelle quelques enfeignes fe ftoyent retirees au retour du fiege, qu'il ont abandonnee, n'ayans peu ramener les pieces & munitions qu'ils auoyent menees, defquelles ils font auiourd'huy batus.

Depuis le fiege ainfi leuĕ contre toute opiniõ, il femble que le Comte du Lude (faifant peu de conte des occis & bleffez, au nombre de quatre cẽs ou plus felon leur rapport) ait eu comme vn remorts en fa cõfcience de fon entreprife fi malheureufe, veu les offres tant hõneftes qu'il fait à Mõnfieur de la Broffe, & mefmes à Monfieur de Puiuiaut, qui eftoit tant menaffé par luy deuant le fiege & par tous ceux qui font conduits par le mefme efprit par leql il eft conduit. Sa lettre eft,

Lettre du Comte du Lude à Monfieur de la Broffe.

F

MOnſieur de la Broſſe, vous m'auez fait vn
fort grand plaſir, & pareillement Môſ. de
Puiuiaut, de m'auoir enuoyé mô page, vous aſ-
ſeurât de le recognoiſtre ſi bien que vous ne luy
n'y aurez point de regret: & quant au priſonnier
l'Ange qui veritablement a charge de ma garde,
& vn ſien ſoldat qui ſont à Nyort, ie ne doute
point qu'eſtans en doute de leurs vies qu'ils n'a-
yent offert la ſomme que me mandez, voire d'a-
uantage, mais ie ſçay q̃ la puiſſance de l'vn & de
l'autre ne ſe ſçauroit eſtendre à vingt eſcus: toutesfois pour ſatisfaire à ceux qui les detiennent,
i'ay commandé à mon argentier leur fournir cêt
eſcus, vous priant les me renuoyer pour ceſte
ſomme: vous aſſeurant que ſ'il ſe preſente occaſion où ie puiſſe vſer de reuenche en voſtre endroit, & recognoiſſance plus grande à l'endroit
de ceux qui les detiennent, ie le feray: mais ce ſera d'auſsi bon cœur que ie vous prie d'auoir en
recommandation mes ſuiets de Maigné & de là
autour, & comme auſsi ie me recommande à
voſtre bône grace. De Poictiers, le ſeptieſme de
Iuillet, 1 5 6 9.

Que les enfans de Dieu maintenât recognoiſ-
ſent en ce que le Seigneur a ainſi viſité ceſte pau
ure ville & ceux qui y ont entré pour ſa deliurã-
ce, qu'il s'eſt monſtré leur protecteur, pere & ſau
ueur, tellement qu'vne telle viſite leur doit eſtre
comme vn ſeel & vn ſacrement de la profeſſion

de l'Euangile, & comme vn public tefmoignage
enuers tous (mefmes leurs ennemis) de fa mife-
ricorde, douceur & bôté paternelle : que les ver-
ues ou naurez pour vne fi bonne, iufte & fain-
ɛte querelle, prennent courage, qu'ils f'efiouyf-
fent, qu'ils fe confolent en luy : que les tyrans in-
ftrumens de leurs blefſeures & fi grans trauaux,
fachent qu'ils ne demeureront, quoy qu'ils tar-
dent, impunis, non plus que les Egyptiens, Affy
riens, Babyloniens, & autres perfeçuteurs & cô-
tempteurs de la parole de Dieu : à l'heure qu'ils
diront, paix, paix, la ruine foudainement tombe-
ra fur grans & petis, & fentiront le iugement du
Dieu viuãt, duquel en tant de places, & mefmes
en cefte ville afſiegee, & contre leur opiniõ de-
liuree, ont meurtri & cruellement maſſacré tant
de pauures brebis rachaptees par le fang de fon
Fils bien-aimé, qui vit & regne eternellement.

Cependant ô citoyens, fachez qu'il f'eft fer-
ui du miniftere de ces tyrans pour chaftier & cor
riger voftre ingratitude & nonchalance, & pour
vô⁹ efmouuoir à vraye repétance, il vous a vou
lu apprendre de vous humilier. Vo⁹ eftiez defia
comme les Ifraëlites, qui fe fafchoyent de la Mã
ne : il n'eftoit queftion que de remplir vos bour-
fes & d'en auoir, fans aucun exercice de charité :
la plus part ne faifoyent confcience de foüiller
leurs mains de rapines & d'vfures, & de faire
leur propre bien des biens des pauures : de peni-

F ij

tence, amendement de vie , voire crainte de
Dieu, mortification Chrestienne, en bien peu de
charité , moins presque que iamais : tant de
pauures soldats malades & blessez denuez de
tous les moyens qui vous sont à souhait, & à tāt
d'autres qui sont à leur aise en leurs maisons, sās
auoir aucun esmoy de la cause de Dieu, vo⁹ de-
mandoyent l'aumosne pour l'honneur de Dieu:
en auez-vous tenu conte, sinon qu'en l'extremi-
té si grande, à laquelle auez inopinement esté re-
redigez, le siege posé deuant vous : iceluy leué,
quelle charité a esté exercee à l'endroit des pauures soldats blessez. Et partant Dieu qui est iuste & qui est scrutateur de nos cœurs , au lieu de
tant de pauures desolez , qui ont receu si peu de
traittement de vous, il a enuoyé vn des princi-
paux tyrans de leur camp, & vostre ennemi iuré,
accompaigné de larrons & brigans , blasphe-
mateurs, violateurs de femmes , remplis de toutes especes de vices, qui ne sont venus deuāt vostre ville pour demander l'aumosne au Nom de
Dieu, mais pour piller & fourrager vos biens &
maisons, & tuer vos fēmes & enfans, s'ils n'eussēt
esté comprimez & detenus par la puissance de
Dieu. Pleust à Dieu, que tous ceux qui prennēt
leurs plaisirs en leurs maisons , deserteurs de la
cause de Dieu, peussent entendre ceste doctrine,
pour se disposer autrement à son seruice qu'ils
ne font. Helas! vous auez occasion de rendre gra

ces à Dieu qui vous a chastié tant doucement de
sa verge paternelle, n'ayãt permis que son nom
fust aboli entre vous & la lumiere de sa verité. Il
vous faut auoir iournellement recours aux lar-
mes, aux ieusnes, prieres & oraisons, auec humili
té Chrestienne. Cest le conseil que iadis Moyse
bailloit au peuple de Dieu, & le remede qu'il luy
a enseigné pour sortir de captiuité : Quãd tu seras (dit-il) en terre estrange, au milieu de tes ennemis, là ou tu verras les dieux estranges, & blas-
phemer le Dieu viuant, & que tu seras pressé de
la tyrannie de tes ennemis : tu recognoistras tes
fautes, & les confesseras au Seigneur, & il te deliurera. Courez donc tous à ses armes, & à l'aduenir Dieu vous deliurera, comme il a fait, à la con
fusion de ce tyran & de tous ses adherans, qui se
bandent ainsi contre Dieu, qui vit & regne eternellement.

MONSIEVR de la Brosse & de Puiuiaut,
ayant sceu la faueur & assistance que Dieu
vous a faicte en la deffence & conseruation de la
ville de Nyort : & le bõ deuoir auquel vous estes
mis pour repousser nos ennemis qui la vouloyẽt
enuahir, ie n'ay voulu laisser retourner ce ca-

F iij

pitaine preſent porteur ſans le charger de la preſente, pour vous faire entendre comme i'ay eſté
& ſuis merueilleuſemẽt aiſe de vos belles & ioüa
bles actions, dont de ma part pour l'intereſt que
i'y ay, ie vous remercie bien affectueuſement:
vous aſſeurant que les effets & actes valeureux
que vous auez monſtré à la grande honte de nos
ennemis, me ſont en telle eſtime, & ont tellemẽt
accreu la bonne volõté que i'ay en vos endroits,
que là où i'auray le moyen de faire ou procurer
choſe qui puiſſe reuenir à voſtre profit & aduan-
tage, ie ne m'y eſpargneray non plus que pour
moy-meſme. Et en ceſte bonne volonté, ie prie
Dieu (meſsieurs de la Broſſe & de Puiuiaut) vo⁹
tenir en ſa ſaincte garde, le   iour de ſuil-
let, 1 5 6 9.

MOnſieur de Puiuiaut, i'ay receu voſtre lettre
remplie de tant d'honneſtes offres & Chre-
ſtiens propos, qu'auec le remercimẽt que ie vo⁹
en fay, ie ne veux auſsi oublier de les accepter
d'auſsi bõne volonté comme ie ſçay qu'elles me
ſont preſentees de voſtre part, vous aſſeurant
bien, qu'outre la loüange que vous auez par voſtre prudence & experience acquiſe parmi les
gens d'honneur & de vertu, & dõt l'iſſue du ſie-

ge leué deuant Nyort par nos ennemis rendent
bon & suffisant tesmoignage, que vous me trouuerez tousiours & mon fils, qui ne sçaurions receuoir plus grand plaisir & contentement que
d'auoir acquis vn personnage de telle valeur à
nous, en vne fort bonne deuotion de vous faire
cognoistre combien nous auons agreable vos a-
ctions & deportemens, & mesme ceste bonne volonté de laquelle ie vous voy accompaigné, tant
pour l'aduancement de la gloire & honneur de
Dieu, que pour mon seruice particulier , & laquelle mon fils & moy recognoistrons en temps
& lieu, & lors qu'il se presentera quelque bonne
occasion, d'aussi bon cœur que ie prie le Createur (Monsieur de Puiuiaut) vous tenir en sa
saincte garde. De la Rochelle, ce xiij. iour de
Iuillet , 1 5 6 9.

Lettre de Monsieur le Prince de Nauarre.

MOnsieur de la Brosse & de Puiuiaut , ayant
entendu le bon deuoir que vous auez fait à
la deffence de la ville de Nyort, dont nos ennemis n'ont rapporté que perte, honte & confusiõ:
ie n'ay pas voulu faillir de vous enuoyer le gentilhomme present porteur, pour vous en remercier de tout mon cœur, ensemble les gentils-hõ-
mes, capitaines & soldats qui se sont en cela si
vaillamment & vertueusement employez auec

vous:vous priant & eux aussi, de vouloir croire,
qu'en toutes occasions qui se presenteront pour
en faire recognoissance, ie le feray fort volõtiers.
Il ne me reste donc à vous dire, sinon de vous
prier de cõtinuer ce bõ courage, & de croire que
ceste armee est si resolue & si deliberee, qu'auec
l'aide & faueur de nostre Dieu (pour le seruice
duquel nous sommes ensemble) nous deuons
tous esperer vn bon secours en nos affaires : de
ma part, ie n'y espargneray point ma vie auec
les vostres, ni autres moyens quelconques que
Dieu m'ait donné : ie le supplie en cest endroit
vous tenir messieurs de la Brosse & de Puiuiaut,
en sa tressaincte grace. De Confolant, le viij. Iuil
let, 1569.

Lettre de Monsieur le Prince de Condé.

Monsieur de la Brosse, ie n'ay voulu laisser aller ce gentil-homme present porteur, sans
l'accõpaigner de ceste lettre, & par mesme moyẽ
vous faire entendre combien de contentement
Monsieur le Prince mon cousin & moy, auons
receu du bon & grand deuoir que vous auez fait
en la deffence de la ville de Nyort, qui a esté si fu
rieusement assaillie par nos ennemis, dequoy
l'honneur que vous y auez acquis, & Monsieur
de Puiuiaut qui y est entré ainsi vaillamment, ne
sera iamais caché, ains publié en tous les endroits
où vous

où vous ni receurez que reputation. Mais cepēdant, ie vous prieray de croire, que là où i'auray
moyen de m'employer pour vous, que ie le feray d'aufsi bon cœur que ie me recommande à
vous, & à Monfieur de Puiuiaut, auquel ie vous
prie aufsi monftrer ces lettres. Priant le createur
qu'il vous ait en fa garde. Efcrit à Confolant, le
viij. iour de Iuillet, 1 5 6 9.

Autre lettre de Monfieur le Prince de Nauar-
re à Monfieur de Puiuiaut.

Monfieur de Puiuiaut, i'ay receu vos lettres
par le capitaine Briquard prefent porteur,
& fuis bien marri de l'inconuenient de vos blef-
feures pour le mal que vous en fouffrez, & aufsi
pour le befoin que nous auons en cefte armee
de perfonnes de telle valeur que vous eftes: mais
i'efpere que Dieu, pour fe feruir de vous (cõme
il a bien fait à Nyort, felon que Monfieur de la
Broffe m'en a mandé, & que cedit porteur le m'a
particulierement fait entendre) aduancera voftre guerifon, dont ie feray tres-aife, & le defire
de tout mon cœur. Cependāt ie demeureray en
cefte affection & volõté de vous faire toufiours
plaifir, & n'oublieray iamais voftre bon deuoir,
mais le recognoiftray auec l'aide de Dieu, que ie
fupplie vous tenir, Monfieur de Puiuiaut, en fa
treffainéte grace. De Coé le 16. de Iuillet, 1569.

G

MOnsieur de Puiuiaut, i'ay esté fort aise d'en-
tēdre par ce gentil-hōme present porteur,
l'esperance de voltre guerison. Ie vous prie biē
fort ne vous trauailler point si tost, ni vous mettre en peine de venir, iusqu'à ce que vous soyez
bien gueri. Car ie seroi par trop marri si vous
retōbiez malade, & aussi que sans difficulté vous
ne faudriez, pour les grandes chaleurs qui sont
auiourd'huy: ie sçay bien quand il sera temps de
vous mander. Prenez seulement courage, asseu-
rez-vous que ie ne vous oublieray point. Cepēdant ie vous diray ce mot en passant, que ie ne
tairay iamais que vous auez acquis autant d'hon
neur & de reputatiō au siege de Nyort, qu'homme ne sçauroit esperer en ce monde : aussi vo⁹ y
auez obligé tout le general, & moy particulierement, pour le bon deuoir que vous y auez fait,
dōt à iamais ie vous en seray bien bon ami, d'aussi bon cœur que ie prie le Createur, Mōsieur de
Puiuiaut, qu'il vo⁹ ait en sa saincte garde. Escrit
à Coé le seiziesme iour de Iuillet, 1 5 6 9.

Aduertissement à Monsieur de Puiuiaut.

MOnsieur, cōbien que la vie ne se doiue point
passer en incertitude & deffiance, mais q̄ l'a-

me Chrestiéne est assés resoluë par les promesses
de Dieu : si est-ce que la perseuerance iusques à
la fin, est la vraye & certaine marque de ceux qui
peuuent estre appellez heureux,& ausquels la
vie eternelle est destinee.Car cõbien de heurtes,
trauerses & tétations sont predites & denõcees
aux fideles? helas!de quoy no⁹ seruirõt nos bouf
fees & nos beaux cõmencemens, si nous demeu-
rõs en chemin, veu qu'il n'y a que les perseueràs
qui emportent le pris,& qui entrent en la iouys-
sance du salut eternel. Le mõde ne no⁹ peut pas
faire vn tel parti,Satan ne donne pas telle recõ-
pense à ses seruiteurs:& tant & tãt y en a qui pé-
sent estre biĕ fins , laissans Dieu,quitãs la profes-
siõ de sa parole,& pĕsans sauuer leurs vies pour
complaire au monde,se roullĕt en la mort, voire par ce qu'ils se mettent en la male-grace de
Dieu. O que c'est vne merueilleuse & notable
sentence escrite aux Corinth.Plusieurs (dit l'A-
postre) courent , mais tous n'emportent pas le
pris.Or(Monsieur)vous auez bien cõmencé, les
effets tant diuers en font foy, mesme celuy de
Nyort,nostre Dieu vous ayant choisi entre tant
de graues personnages pour la deliurance de ces
pauures citoyens,& non seulement d'eux , mais
d'vne infinité d'hommes qui sont espars en la
Guyenne.Poursuiuez donc(Monsieur)perseue-
rez pendant que le iour vous esclaire, trauaillez
en tels exercices Chrestiens,ne vous conformez

point à ce siecle tãt malheureux, ayez tousiours
deuant vos yeux la fin de vostre vocatiõ, en l'exe-
ecution de laquelle c'est à vous de demander à
Dieu toute force & vertu:& sur tout, qu'il vous
face la grace apres tant d'ennuis, trauaux & blesseures grandes par lesquelles estes exercé, de biẽ
finir & de mourir auec foy & perseuerance : re-
gardez tousiours aux promesses de la vie eternelle, & tenez l'ancre de la foy si ferme, que voꝰ
surmontiez toutes tempestes & difficultez pour
paruenir au port celeste.

ON a peu apperceuoir (messieurs) és assauts
qu'auez soustenus de iour & de nuict durãt
le siege posé deuant la ville de Nyort, & specia-
lement en l'entree d'icelle tant admirable, qu'a-
uez senti l'assistence de l'Esprit de Dieu, lequel
vous a consolez, soustenus & fortifiez. Vous n'a
uez attendu aide en vos tribulations sinon du
Seigneur Dieu, ayans prins ce fondement deuãt
toutes choses : vous auez eu recours à luy, estans
asseurez qu'il vous exauceroit selon ses promes-
ses:ce faisant, vous estes desfiez de vous-mesmes
& de toutes creatures, comme s'il n'en eust point
esté, & cõme si iamais vous n'en d'eussiez auoir
eu aucun secours. Plusieurs font merueilles quãd

ils ont vent commode, & cependant qu'ils ont
quelque appui sur les hommes, mais quand telle
esperance leur deffaut, tout est perdu: ils se mettent à murmurer contre Dieu, comme les enfans
d'Israël, pour la moindre fascherie qui leur ad-
uient. Vous vous estes monstrez patiens & enuers Dieu, & enuers les hommes. Sus donc qu'vn
chascun de vous chante ses louanges : qu'il soit
prié, que pour danger qui vous puisse aduenir,
vous ne defailliez iamais à vostre deuoir & offi-
ce, voire quant la mort se presenteroit. Car puis
qu'il faut vne fois mourir, il vaut trop mieux
mourir au seruice de Dieu, pour viure eternel-
lemēt, que mourir, voire que viure, au seruice du
Diable, pour demeurer puis apres en la mort
eternelle. Il reste maintenant (messieurs) que vo²
grauiez aux tableaux de vos cœurs ses aduertis-
semens, à fin que ce grand Dieu ait occasion de
vous aimer, & vous aimant vous donner la vie
eternelle.

Priere pour la paix de l'Eglise. J. M. M.

O Seigneur, qui es la source de toute equité,
puis qu'en ton Euangile tu declares, Bien
heureux ceux qui cerchent la paix, & qui la desirent, la poursuiuans d'vne affection Chrestienne, nous la desirons aussi : & ce d'autant plus ar-
demment, que tu es le Dieu de concorde & de
paix. Mais c'est en toy Pere celeste que nous la

cerchõs & non aux hommes, c'est à toy seul que
nous la demandons : d'autant, helas ! que Satan
homicide dés le commêcement possede auiour-
d'huy tellement ce pauure monde, que tout l'vni-
uers est agité d'horribles tempestes, les hommes se despeçans par mille haines & diuisions e-
stranges. O grand Dieu, au lieu de ce vent tem-
pestueux qui trouble ainsi ce pauure Royaume
desolé, inspire au cœur des hommes ton sainct
Esprit, Esprit de douceur, cleménce & mansue-
tude, lesquels apres auoir autrement consideré
qu'ils n'ont fait iusqu'à ceste heure l'extreme
charité que tu leur portes en ton Fils bien-aimé,
que la mesme debonnaireté descoule aussi en
leurs entendemens. Ha bon Dieu, tu sçais que
nous ne sommes persecutez de nos aduersaires,
sinon par ce que nous auons en toy nostre esperance. Rassemble donc ta pauure Eglise disper-
see par leur tyrãnie : garde la, comme iadis tu as
gardé l'Arche du bõ Noé au milieu des flots es-
cumeux, garde la, & la marque en ce temps nu-
bileux de quelque bonne marque, comme les
Israëlites, quand l'Ange en Egypte frappa les
premiers nez. Que si tu as determiné de punir le
monde selon ta iustice pour ses abominations &
malheurs, si c'est ton bon plaisir que nos corps
terrestres & tant miserables passent par le fil
des espees & glaiues, fay ceste grace à tes seruiteurs qui combatent pour ta gloire, au restablis-

sement de ton Eglise, que dés maintenant leur
côuersatiõ soit au ciel, que tes Anges leur facent
escorte, qu'ils s'exercent en foy & penitence, at-
tendant du ciel leur seul protecteur & garent Ie-
sus, pour sortir hors de la maison ruineuse de ceste terre basse, voire pour aller en leur patrie &
demeure, pour là estre iouyssans de la vie eternelle. A toy seul soit honneur & gloire és siecles
des siecles. Amen.